Cultiver la force et la vitalité

Discours prononcé par

Sri Mata Amritanandamayi

Le premier décembre 2009

Discours d'inauguration du
Centre International de la Fondation
Vivékananda.

Mata Amritanandamayi Center, San Ramon
Californie, États-Unis

Cultiver la force et la vitalité
Un discours de Sri Mata Amritanandamayi
Traduit par Swami Amritaswarupananda Puri

Publié par
  Mata Amritanandamayi Center
  P.O. Box 613
  San Ramon, CA 94583
  États-Unis

—— *Cultivating Strength and Vitality (French)* ——

Copyright © 2010, Mata Amritanandamayi Mission Trust, Amritapuri, Kérala 690546, Inde
Tous droits réservés. Aucune partie de cette publication ne peut être enregistrée dans une banque de données, transmise ou reproduite de quelque manière que ce soit sans l'accord préalable et la permission expressément écrite de l'auteur.

Première édition par le Centre MA : septembre 2016

En France :
  www.ammafrance.org

En Inde :
  www.amritapuri.org
  inform@amritapuri.org

(g-droite) Sri. Ajit Kumar Doval, Directeur de la Fondation Internationale Vivékananda ;
Honorable M.N. Venkacheliah, ex- juge suprême d'Inde ;
Sri Mata Amritanandamayi;
P. Parameshwaran, Président de Vivékananda Kendra

Préface

Ce bref discours fut prononcé par Amma lors de l'inauguration du Centre International de la Fondation Vivékananda à Chanakyapuri, New Delhi, le premier décembre 2009. En vérité, les paroles d'Amma n'ont pas besoin de préface, elles sont simples, faciles à comprendre, et ne requièrent aucune explication. Cette allocution s'adressait à une auguste assemblée, composée d'intellectuels et de hautes personnalités de Delhi. Bien que concise, cette déclaration contient l'essence de la spiritualité.

Dans son discours, Amma aborde un vaste éventail de sujets, qui inclut : les moyens de créer l'harmonie entre les religions, le rôle de l'éducation dans la société et l'importance d'être fier de sa patrie et de son héritage national. Le thème essentiel de ce discours reste néanmoins la jeunesse, ses besoins et le rôle que les adultes devraient jouer pour aider les jeunes à épanouir pleinement leur potentiel.

Amma traite chaque thème avec concision et pénètre au cœur des problèmes avec perspicacité. Et puisque ces paroles viennent d'un maître spirituel aussi exceptionnel, il va sans dire qu'elles sont profondes, pleines de vie, et vibrantes de spiritualité.

Au sujet de la personnalité remarquable de Swami Vivékananda, Amma déclara : « *Swami Vivekananda,* ce nom possède en lui-même une puissance et un pouvoir d'attraction tels qu'il nous suffit de l'entendre pour nous sentir éveillés et remplis d'énergie car celui qui le portait était un être radieux. C'était un grand *sannyasi*, qui a révolutionné et transformé la société, un parfait *jnani*, qui avait atteint le sommet de la dévotion au guru, un *karma yogi* du plus haut niveau et un brillant orateur. » Amma a décrit ainsi sa vision de la spiritualité : « Une manière de vivre qu'il s'agit d'adopter tout en restant dans ce monde, en ayant des contacts avec des gens de toutes sortes et en affrontant les circonstances et les défis qui se présentent avec courage et maîtrise de soi. »

Amma nous a offert un bouquet de belles anecdotes et de jolies histoires ; elle a expliqué que les *mahatmas* incarnent les vérités spirituelles. Les Écritures et les déclarations qu'elles contiennent ne deviennent vivantes qu'à travers la vie et les enseignements des maîtres réalisés. Le *satguru* (maître spirituel authentique) est la personnification de toutes les qualités divines. Pour citer Amma : « La vie des mahatmas est le meilleur modèle que la société puisse assimiler. C'est leur exemple qui préserve l'harmonie sociale. »

Amma a insisté sur le point suivant : il est capital d'éveiller notre force spirituelle. « Quand la puissance de Dieu brille en nous, elle se manifeste sous la forme de la vérité, de la beauté et du bien. Quand Dieu se manifeste par l'intellect, c'est la vérité qui resplendit. Quand Dieu s'exprime par des actions, celles-ci sont bonnes et favorables. Et quand Dieu se révèle à travers le cœur, la beauté en est le résultat. Quand la vérité, la beauté et la bonté font partie intégrante de notre vie, la force réelle s'éveille en nous. »

Amma comprend mieux que quiconque à quel point il est crucial que nos jeunes reçoivent une éducation spirituelle. Amma sait que les jeunes générations possèdent une immense énergie. Si cette énergie est orientée correctement, les jeunes peuvent accomplir des miracles. S'ils changent, le monde changera. De par le monde, j'ai été témoin de la transformation de milliers de jeunes gens et de jeunes femmes : la présence d'Amma dans leur vie a complètement changé leur attitude et leur vision de l'existence. Voilà un fait qui, sans aucun doute, contribue à améliorer la société. Les jeunes qui rencontrent Amma sont plus conscients de leur *dharma* (devoir) envers eux-mêmes et envers la société. Ils ont alors le désir ardent de servir le monde, les pauvres et les malheureux de manière désintéressée et de protéger l'environnement.

Néanmoins, Amma exprime de l'inquiétude concernant la jeunesse actuelle. « La phase de la vie humaine que l'on appelle « la jeunesse » est aujourd'hui en train de disparaître » a-t-elle déclaré à Delhi. « Nous sautons directement de l'enfance à la vieillesse. En vérité, la jeunesse est le *bindu*, le point central de la vie. C'est un stade où nous ne sommes plus des enfants et pas encore des adultes. C'est une période où l'on peut vivre dans l'instant présent et c'est aussi le moment idéal pour former le mental. Mais la génération actuelle fait-elle bon usage de sa jeunesse ?

Amma a déclaré que les jeunes d'aujourd'hui ne pouvaient se satisfaire de paroles et d'informations. Ils ont besoin d'exemples qui les inspirent, de modèles à suivre. En outre, bien que les textes du *sanatana dharma* constituent un trésor immense de connaissance, ils doivent être présentés d'une manière qui permette à la jeunesse moderne de les apprécier. A cette fin, les générations plus anciennes doivent comprendre correctement les jeunes et s'adresser à eux avec humilité et amour. Selon Amma, il s'agit d'établir un dialogue et de les écouter avec patience, de leur apporter la connaissance en manifestant de la maturité et de la compassion.

Il est nécessaire, d'après Amma, de revoir la méthodologie et le langage que nous utilisons lors des débats interreligieux. Elle a exprimé son inquiétude devant la tendance actuelle des chefs religieux à déformer les vérités spirituelles pour s'en servir à des fins égoïstes. « La religion et la spiritualité sont les clés faites pour ouvrir notre cœur et nous permettre de considérer tous les êtres avec compassion…mais, par manque de discernement, nous utilisons les clés destinées à ouvrir notre cœur pour le fermer à double tour. »

Amma a en outre souligné que notre système actuel d'éducation, sous certains aspects, égare la société. « Le fondement de tout changement positif, c'est une éducation réelle », a dit Amma. Elle a défini l'éducation réelle comme le mantra secret qui permet de réussir dans la société et de résoudre tous les problèmes. « Cependant, a dit Amma, notre système d'éducation se réduit actuellement à un outil qui permet d'accéder à la réussite matérielle. »

Le monde actuel, surtout la jeune génération, ne croit qu'à l'effort humain. Cela ne sert qu'à gonfler l'ego. Aujourd'hui, nous avons besoin de chefs dépourvus d'orgueil et dotés de compassion. Amma insiste toujours sur la nécessité d'obtenir la grâce divine pour réussir, quel que soit notre domaine d'action. Selon Amma, il est crucial que la jeunesse actuelle comprenne l'importance du facteur de la grâce, qui est au-delà de notre compréhension et de la logique. Amma dit : « Cessons d'être orgueilleux et de croire que seuls nos efforts rendront notre vie fructueuse. Inclinons-nous. C'est la condition requise pour que l'énergie cosmique s'écoule en nous. » »

Amma a conclu son discours en soulignant à quel point il est important d'aimer son pays. Elle a fait l'éloge de Swami Vivékananda, louant son patriotisme ardent et son amour pour l'Inde et sa riche culture. « Notre héritage est incomparable, dit Amma, il s'agit d'adopter ce qu'il y a de bon dans les autres pays tout en restant fermement ancrés dans l'amour de notre pays et de notre culture spirituelle. »

Réfléchissant aux paroles de sagesse d'Amma, l'honorable M.N. Venkatachaliah, ex-juge de la Cour suprême de l'Inde et célèbre érudit, déclara : « Aujourd'hui, nous avons bu une coupe d'*amrita* (l'ambroisie, le nectar des dieux) offerte par Amma. Elle nous a dit ce qui donne à la vie son parfum et son interprétation de Vivékananda a peut-être été la plus inspirante et la plus exacte. Je crois que cette analyse et cette présentation si remarquables ont redonné de l'espoir à ceux d'entre nous qui étaient pessimistes pour l'avenir.

Quelqu'un a dit un jour : « Tant qu'il y aura des oiseaux, des fleurs et des enfants, le monde ira bien. » Mais je vous dis : « Tant qu'il y aura des oiseaux, des fleurs, des enfants et Mata Amritanandamayi, le monde ira bien. »

Sri. Ajit Kumar Doval, le directeur de la Fondation Internationale Vivékananda, a désigné Amma comme « l'incarnation de la spiritualité » en disant : « L'amour constant d'Amma pour l'humanité et son énergie partout présente se situent dans la lignée de la grande tradition de nos guides spirituels, qui, de temps en temps, viennent guider l'humanité et le destin de cette nation, perpétuant notre civilisation – cette civilisation qui constitue le socle de notre nationalisme, de notre identité, de notre nation et de son peuple. »

Swami Amritaswarupananda
Vice Président
Mata Amritanandamayi Math

Amma prononçant son discours à New Delhi au Centre
de la Fondation Internationale Vivékananda

Cultiver la force et la vitalité

Un discours de Sri Mata Amritanandamayi

Prononcé le premier décembre 2009

Discours d'inauguration du Centre de la Fondation Internationale Vivékananda à New Delhi

Amma est ravie que cette institution ait été fondée, au nom de Swami Vivékananda, dans le but de contribuer à l'harmonie et à l'unité entre les religions et de partager les valeurs du Sanatana Dharma[1] avec le reste du monde. *Swami Vivékananda*, ce nom possède

---

[1] Mot à mot « les lois éternelles universelles », le nom originel de l'hindouisme ; elles sont considérées comme éternelles parce que les principes essentiels sont universels et qu'ils demeurent immuables, en tout temps et en tout lieu.

en lui-même une puissance et un pouvoir d'attraction tels qu'il nous suffit de l'entendre pour nous sentir éveillés et remplis d'énergie car celui qui le portait était un être radieux. C'était un grand *sannyasi*[2], qui a révolutionné et transformé la société, un parfait *jnani*[3], qui avait atteint le sommet de la dévotion au guru[4], un *karma yogi*[5] du plus haut niveau et un brillant orateur. Pour résumer, Swami Vivékananda était un être exceptionnel, une fleur divine qui s'était épanouie à la lumière spirituelle de Sri Ramakrishna Déva, pour ensuite répandre son merveilleux parfum dans le monde entier.

Pour Swami Vivékananda, la spiritualité ne consistait pas à accomplir des austérités, les yeux fermés, au fin fond d'une forêt ou d'une

---

[2] Celui qui a renoncé à la vie du monde pour rechercher la libération.
[3] Mot à mot, "quelqu'un qui connaît », celui qui a réalisé la vérité transcendantale.
[4] Un maître spiritual.
[5] Celui qui effectue toutes ses actions comme une offrande à Dieu et qui, en retour, accepte avec égalité d'humeur toutes les situations de la vie, bonnes ou mauvaises, comme un don sacré de Dieu.

grotte ; c'était une manière de vivre dans le monde, en ayant des contacts avec des gens de toutes sortes et en affrontant les circonstances et les défis qui se présentent avec courage et maîtrise de soi. La spiritualité est le fondement de la vie, la source de toute force et de toute intelligence authentiques, voilà ce dont il était fermement convaincu.

La compassion et la sollicitude envers nos frères humains étaient au cœur de la conception que Swami Vivékananda nourrissait de la spiritualité. Il proclamait qu'il ne croirait jamais en un Dieu ou en une religion qui n'essuierait pas les larmes des veuves, qui ne donnerait pas un morceau de pain à manger à l'orphelin. En insistant sur la compassion et sur le service du monde, il a donné une dimension nouvelle à la tradition hindoue du *sannyasa*.

La vie des mahatmas[6] est leur message. Elle est le meilleur modèle que la société puisse assimiler. C'est l'exemple des mahatmas qui en préserve l'harmonie. Si les liens familiaux et les valeurs sociales existent encore en

---

[6] Mot à mot : grandes âmes ; Amma emploie ce mot spécialement pour ceux qui sont parvenus à la réalisation.

Inde, nous le devons, d'abord et avant tout, à l'influence des mahatmas et à l'inspiration que constituent leurs vies. Ils ne se sont pas contentés d'enseigner des dictons tels que : « Dites toujours la vérité. Restez dans le droit chemin[7]. » ; « Considère ta mère, ton père, tes maîtres et tes invités comme des dieux[8]. » Ils ont vécu en accord avec ces paroles. Si les valeurs se sont enracinées dans notre société, ce n'est pas grâce à l'exemple des rois et des hommes politiques, mais grâce à celui des mahatmas. En réalité, les mahatmas étaient pour les gouvernants des guides et des modèles. Le fondement de toutes les valeurs, c'est la spiritualité. Si nous perdons nos valeurs, notre vie deviendra pareille à celle d'un satellite qui a échappé à la force de l'attraction terrestre.

Les mahatmas ne sont pas de simples individus. Ils sont la forme visible de la vérité ultime. Ils sont purs de tout égoïsme. Comme un aimant attire les particules de fer, les

---

[7] *satyam vada | dharmam cara |* [Taittiriya Upanishad, 1.11.1]

[8] *mātṛdevo bhava | pitṛdevo bhava | ācārya-devo bhava | atithi-devo bhava |* [Taittiriya Upanishad, 1.11.12]

mahatmas attirent les êtres du monde entier. Parce que leurs actions sont dépourvues d'égoïsme et d'attachement, tout ce qu'ils font transforme la société et l'ensemble du monde.

Un groupe de jeunes gens aborde un jour un *sannyasi* (moine) et lui demande : « Qu'est-ce que *sannyasa* ? » Le moine, qui portait sur le dos un baluchon contenant tous ses biens, le laisse aussitôt tomber et continue sa route. Comme ils ne comprennent pas le sens de son geste, les jeunes le rattrapent et lui posent de nouveau la question : « Qu'est-ce que *sannyasa* ? »

Le mahatma répond : « Vous ne m'avez pas vu lâcher mon baluchon ? *Sannyasa*, c'est d'abord renoncer au sentiment du « moi » et du « mien ».

Curieux d'en savoir plus, les jeunes gens lui demandent : « Et une fois que l'on a renoncé au sentiment du « moi » et du « mien », quelle est l'étape suivante ? »

Le mahatma revient alors sur ses pas, ramasse le ballot et le remet sur son dos. Puis il continue sa route. Déconcertés, les jeunes lui demandent : « Qu'est-ce que cela signifie ? »

Avec un sourire, le moine répond : « Vous avez bien vu que j'ai remis le baluchon sur mon dos ? Une fois que vous avez renoncé au « moi » et au « mien », il s'agit de porter le fardeau du monde, d'aimer et de servir tous les êtres, en considérant leurs chagrins et leurs difficultés comme vôtres. C'est cela, le véritable *sannyasa*. »

Toutefois, ce fardeau n'est pas écrasant, parce que quand vous aimez, rien ne vous pèse. Pour une nourrice, garder un enfant peut s'avérer une corvée, mais pour la mère, c'est une expérience pleine de joie. Quand l'amour est présent, rien ne pèse.

Cela dit, avant de servir le monde de manière désintéressée, il faut d'abord devenir fort. Swami Vivékananda enseignait que seul l'éveil de notre puissance intérieure peut nous transformer véritablement et nous permettre de trouver des solutions permanentes aux problèmes que doit affronter la société.

Pour un individu ou un pays, la force est la qualité la plus importante. C'est lorsque nous prenons conscience que la force réelle est intérieure qu'elle s'éveille en nous. *Satyam*, *shivam, sundaram*—la vérité[9], la bonté et la beauté ne sont pas des attributs de Dieu ; ils constituent notre expérience, la manière dont nous percevons Dieu. En fait, ce sont des limites que notre mental projette sur Dieu. En réalité, Dieu est au-delà de tous les attributs, Il est infini. Quand la puissance de Dieu brille en nous, elle se manifeste sous la forme de la vérité, de la beauté et du bon. Quand Dieu se manifeste par l'intellect, c'est la vérité qui resplendit. Quand Dieu s'exprime par des actions, celles-ci sont bonnes et favorables. Et quand Dieu se révèle à travers le cœur, la beauté en est le résultat. Quand la vérité, la beauté et la bonté font partie intégrante de notre vie, la force réelle s'éveille en nous[10].

---

[9] Dans le contexte de ce paragraphe, *satyam*, la vérité, ne désigne pas la vérité ultime mais des qualités telles que l'honnêteté, l'intégrité et la franchise. Comme le dit Amma, la réalité ultime de Dieu, tout comme de l'individu et de l'univers, est au-delà de toutes qualités ; elle est pure conscience.

[10] La conscience donne vie à la création ; elle est le substrat de l'univers. Quand le mental est purifié de l'attraction et de la répulsion, la personnalité animée d'un souffle nouveau exprime des qualités divines telles que l'honnêteté, la bonté et la beauté.

L'Inde[11] a besoin de force, de vitalité et de vigueur. Si nos jeunes passent à l'action, ils ont la force et le dynamisme nécessaires pour créer dans la société une transformation de grande envergure.

Comme Swami Vivékananda l'a dit un jour : « La jeunesse est une période dont la valeur est incalculable, indescriptible, inégalée. Elle est le moment le plus précieux de la vie, elle en constitue la meilleure phase. La manière dont vous l'utilisez détermine le reste de votre vie. Votre bonheur, votre succès, votre honneur et votre réputation, tout dépend de la manière dont vous vivez maintenant cette phase de votre vie. Ne l'oubliez pas. Cette merveilleuse période, la première étape de la vie, est entre vos mains comme l'argile douce et mouillée entre celles du potier. Habilement, le potier moule l'argile et lui donne la forme adéquate, celle qu'il a choisie. Ainsi, vous pouvez modeler avec sagesse votre vie, votre caractère, votre santé et votre force

---

[11] Amma mentionne ici l'Inde puisque c'est à Delhi qu'elle a prononcé son discours. Cependant, ces qualités sont nécessaires dans toutes les nations.

physique, bref, toute votre nature, selon les choix que vous faites. Et vous devez le faire maintenant. »

Cette phase de la vie humaine appelée « jeunesse » est aujourd'hui en train de disparaître. Nous sautons directement de l'enfance à la vieillesse. En vérité, la jeunesse est le « *bindu* », le point central de la vie. C'est un stade où nous ne sommes plus des enfants et pas encore des adultes. C'est une période où l'on peut vivre dans l'instant présent et c'est aussi le moment idéal pour former le mental. Mais la génération actuelle fait-elle bon usage de sa jeunesse ?

Une femme traverse un jour un parc et aperçoit un vieil homme, assis sur un banc, qui sourit, perdu dans ses pensées. Cette femme l'aborde et lui demande : « Vous avez l'air si heureux ! Quel est le secret qui vous a permis de vivre une vie aussi longue et heureuse ? »

Le vieillard répond : « Eh bien, dès que je sors du lit, je bois deux bouteilles de whisky. Puis je fume un paquet de cigarettes. Pour déjeuner, je mange du poulet frit et du steak à satiété. Je passe le reste de la journée à écouter de la musique heavy métal et du rap. Et en plus, je fume du cannabis quatre ou cinq fois par semaine. Quant à l'exercice ? Je n'y pense même pas ! »

La femme reste interdite. « C'est étonnant ! dit-elle, je n'ai jamais entendu parler de quelqu'un qui ait vécu aussi vieux en menant ce genre de vie. Au fait, quel âge avez-vous ? »

« Vingt-six ans », répond l'homme.

C'est ainsi que beaucoup de gens gâchent leur précieuse jeunesse. Quelle en est la cause ? Dans leur enfance, les parents ne leur ont pas donné une discipline de vie adéquate. L'argent et les études, voilà tout ce qui compte. Certes, ce sont des choses nécessaires, mais il faut aussi inculquer des valeurs à nos jeunes. Vous aurez beau acheter la plus chère des voitures, faire le plein avec le meilleur des carburants, il faut tout de même une batterie pour que le moteur démarre. Ainsi, pour conduire le véhicule de la vie, nous avons besoin de valeurs et de vertus.

Comment les jeunes peuvent-ils acquérir des valeurs spirituelles et de nobles qualités ? Comment pouvons-nous les guider sur la voie juste ? Comment canaliser la force de la jeunesse pour faciliter le développement de la société, du pays et du monde ? Pour y parvenir, il faut entraîner nos jeunes à modeler leur caractère et à épanouir leur humanité. Dans ce but, il s'agit d'abord de les comprendre correctement et de se mettre à leur niveau. Swami Vivékananda a beaucoup insisté sur cet aspect.

De nombreux textes du *sanatana dharma* révèlent la profondeur et l'étendue de la véritable connaissance spirituelle et expliquent la nature du monde. Mais l'esprit des jeunes n'acceptera peut-être pas ces textes sous leur forme originale. C'est à nous qu'il appartient de leur transmettre l'enseignement des Écritures dans un langage qu'ils puissent comprendre, un langage adapté à notre époque. C'est une responsabilité qui incombe à l'ancienne génération. Néanmoins, cette éducation ne devrait pas être purement intellectuelle. Pour expliquer aux jeunes la spiritualité, il est nécessaire de faire également appel au cœur.

Les adultes devraient dialoguer avec les jeunes[12]. N'essayons pas de leur montrer nos

---

[12] *Saṁvāda*.

connaissances et notre érudition. Il s'agit de nous identifier à eux, de comprendre leur cœur et d'entamer la discussion avec eux. Écoutons leurs questions et leurs critiques avec patience et amour. Abordons-les avec compassion. Seule une telle approche créera en eux un changement réel. Et par-dessus tout, donnons-leur des exemples qui les inspireront.

A quoi s'applique la spiritualité ? Une personne ignorante, qui n'a pas de but dans la vie, est pratiquement endormie. Elle est incapable de prendre des décisions car, à l'intérieur d'elle-même, il y a une foule de personnages aux opinions conflictuelles. Si un aspect du mental crée une chose, un autre le détruit. Tous les efforts de telles gens sont vains. Comme ils ne savent pas vraiment où ils vont, ils errent dans la vie. Cela revient à attacher un cheval à chacun des quatre côtés d'un véhicule et à donner les rênes de ces quatre chevaux à un conducteur endormi. Il est alors impossible de progresser.

Voilà à quoi ressemble la vie de ceux qui sont dénués de compréhension spirituelle. Ils songent : « *Je touche au but, je touche au but…,* » mais en réalité, leur vie n'avance pas. Ils finissent par s'effondrer, épuisés. Nos pensées sont actuellement dirigées vers d'innombrables objets extérieurs. Il s'agit de les réorienter et de découvrir la force infinie qui repose en nous. En vérité, il ne suffit pas d'être juste un individu ; il faut être un individu conscient. Tel est le but de la spiritualité. Ce savoir doit être transmis aux jeunes.

Dans le monde actuel, beaucoup de gens s'imaginent que la grandeur d'un maître spirituel est proportionnelle à sa capacité d'interpréter à son gré les vérités spirituelles. A leurs yeux, l'absence de cette faculté est une faiblesse. Jamais il ne faut interpréter les vérités de la spiritualité à sa guise. Elles doivent être transmises d'une façon qui contribue au développement tant de l'individu que de la société. C'est pourquoi, ceux à qui l'on confie la tâche de transmettre cette connaissance devraient posséder à la fois maturité, capacité de discerner [13] et ouverture du coeur. Pour

---

[13] *Viveka buddhi* – Un mental qui a acquis assez de sagesse et de subtilité pour distinguer clairement non seulement entre le *dharma* et l'*adharma* (ce qui est conforme à la loi

éveiller bonté et noblesse en ceux auxquels ils enseignent la connaissance, ils doivent remplir ces conditions.

La jeunesse actuelle ne peut se satisfaire de paroles et d'informations. Si l'on compare avec les générations précédentes, les jeunes, grâce à la technologie moderne de l'information, ont accès à infiniment plus de savoir. Il n'est pas difficile, aujourd'hui, de répandre l'information. Il ne suffit pas de prêcher pour créer un dialogue. Les prêches n'intéressent pas les jeunes, ils sont sans attrait pour personne. Le changement induit par des sermons est tout au plus passager. Expliquons à la jeunesse ce qu'est un vrai dialogue. Telle est la responsabilité des anciens. Toutes les paroles de Swami Vivékananda étaient des dialogues qui venaient du cœur et jaillissaient d'une compréhension parfaite des pensées et des émotions du public auquel il s'adressait. C'est de là qu'elles tiraient leur puissance. C'est pourquoi, aujourd'hui encore, ses paroles continuent à transformer les cœurs.

---

divine et ce qui ne l'est pas) mais aussi, en définitive, entre l'éternel et l'éphémère.

Les discussions entre personnalités dirigeantes des diverses religions et cultures sont un phénomène constant, mais nous devrions réexaminer la méthodologie et le langage employés lors de ces échanges pour voir s'ils sont vraiment adéquats. Aujourd'hui, beaucoup d'entre nous sont capables de fournir des interprétations satisfaisantes du point de vue de l'intellect et de la logique, mais nous oublions d'y associer la beauté du cœur. Les conférences ne devraient pas réunir uniquement les personnes, mais aussi les cœurs.

Les problèmes surgissent quand nous déclarons : « Seule ma religion est bonne ; la vôtre est mauvaise. » Cela revient à dire : « Ma mère est parfaite, la tienne est une prostituée ! » Nous ne pourrons vraiment communiquer avec les autres que si nous dialoguons en comprenant que chacun considère sa vision des choses comme parfaite.

Les véritables chefs religieux aiment et vénèrent la création entière, en y voyant une manifestation de la conscience divine. Ils voient l'unité qui sous-tend la diversité. Cependant, de nombreux responsables

religieux déforment aujourd'hui les paroles et les expériences des sages et des prophètes de jadis, dans le seul but de manipuler des gens influençables.

La religion et la spiritualité sont des clés qui permettent d'ouvrir le cœur et de regarder tous les êtres avec compassion. Mais nous sommes aveuglés par l'égoïsme et, en conséquence, notre esprit a perdu la faculté de discerner. Notre vision est déformée. Une telle attitude ne fait que créer davantage d'obscurité. Les clés faites pour ouvrir le cœur, notre mental, dans sa confusion, s'en sert pour le fermer à double tour.

Il était une fois quatre hommes qui se rendaient par bateau à une conférence religieuse. Pris dans une tempête, ils furent contraints de se réfugier dans une île déserte. La nuit était d'un froid mordant. La température était presque tombée en dessous de zéro. Chacun des voyageurs transportait dans son sac des allumettes et un peu de bois de chauffage, mais pensait qu'il était le seul à en avoir.

Le premier homme se dit : « D'après le médaillon qu'il porte au cou, je pense que cet homme appartient à une autre religion. Si je fais un feu, il va lui aussi profiter de sa chaleur. Pourquoi devrais-je user ma précieuse réserve de bois pour lui ? »

Le second homme pensa : « Cet homme vient d'un pays qui nous a toujours fait la guerre. Je ne peux imaginer utiliser mon bois pour son confort ! »

Le troisième homme regarda l'un des autres et pensa : « Je le connais. Il fait partie d'une secte qui n'a fait que créer des problèmes aux adeptes de ma religion. Je ne vais pas gaspiller mon bois pour lui ! »

Le dernier homme pensa: « Cet homme a une couleur de peau différente de la mienne et je déteste ça ! Il n'est pas question que j'utilise mon bois pour lui ! »

Au bout du compte, aucun d'eux ne voulut allumer son bois pour réchauffer les autres et ainsi, au petit matin, ils moururent tous les quatre de froid. La cause réelle de leur mort ne fut pas le froid extérieur, mais la glace de leur cœur. Nous sommes en train de devenir pareils à ces hommes. Au nom de la religion, de la nation, de la caste ou de la couleur de peau, nous nous querellons, sans manifester la moindre compassion envers notre prochain.

La société moderne ressemble à un malade affligé d'une forte fièvre. A mesure que sa température augmente, ses paroles deviennent plus incohérentes. En montrant une chaise, il demande par exemple : » Pourquoi la chaise vole-t-elle ? » Comment répondre ? C'est ainsi que nous vivons pour la plupart. Il est facile de réveiller quelqu'un qui dort, mais impossible de réveiller celui qui fait semblant de dormir.

Si les jeunes sont attirés par les paroles de Swami Vivékananda, ce n'est pas uniquement parce qu'il parlait le langage de la logique et de l'intellect, c'est aussi à cause de sa sincérité. Lors du Parlement des Religions à Chicago en 1893, toute la salle explosa d'enthousiasme et de joie en entendant les premiers mots de son discours : « Frères et sœurs d'Amérique ! » Pourquoi ? A cause de la sincérité de ses paroles qui venaient droit du cœur. Si nos paroles sont sincères, elles ne manqueront pas d'insuffler à autrui enthousiasme et force. Et cela les incitera à servir de manière désintéressée.

Le fondement de tout changement positif, c'est une éducation réelle. L'éducation réelle est le mantra secret qui permet de réussir dans la société. Elle est la solution à tous les problèmes. Comme l'a dit Swami Vivékananda : « Qu'est-ce que l'éducation ? Est-ce la connaissance livresque ? Non. S'agit-il de l'éducation qui cumule différentes formes de savoir ? Ce n'est pas cela non plus. Ce que l'on appelle l'éducation, c'est apprendre à canaliser le flot et l'expression de la volonté pour les rendre fructueux. ».

De nos jours, l'éducation moderne n'est orientée que vers la réussite sociale et matérielle. « Réussir » est devenu le mantra de la jeunesse. « Quelle que soit la voie que vous choisissez, vous devez réussir ! » Telle est la devise du système moderne d'éducation. Notre système éducatif se réduit à un outil qui permet d'accéder à la réussite matérielle. Mais ce succès sera-t-il durable ? Aidera-t-il nos enfants à obtenir l'amour et le respect de leurs concitoyens ? Leur insufflera-t-il la force nécessaire pour affronter avec fermeté les épreuves et les tribulations de la vie ? Ils en retireront peut-être des bienfaits temporaires, mais, tôt ou tard, ils finiront par s'effondrer.

Non seulement il nous faut comprendre à quel point cette notion moderne de réussite est creuse, artificielle et superficielle, mais il nous faut encore définir ce qu'est la véritable réussite et quel est son impact. A propos de la réussite, Swami Vivékananda a dit : « [Le but de la jeunesse], c'est *atma-vikasa* [l'épanouissement de soi]. C'est *atma-nirmana* [le développement de soi]. Je vous en prie, essayez de comprendre le sens réel de l'expression « une vie réussie ». Lorsqu'on parle de réussir sa vie, il ne s'agit pas simplement de réussir tout ce que l'on entreprend… Ce qu'il s'agit de réussir, c'est soi-même : sa conduite, son caractère, le genre de personne que l'on devient. »

Ceux qui luttent contre leurs ennemis à coups d'épée et de revolver ne sont pas les seuls à mériter le nom de soldats. Toute personne qui s'efforce d'atteindre le but de la vie est, d'une certaine manière, un soldat. Un *kshatriya*[14] est un homme qui combat. Où ?

---

[14] Un membre de la caste des guerriers dans le système hindou des castes, qui en comprend quatre.

Dans tous les domaines de la vie. Que ce soit en matière d'art, de politique, d'affaires, de spiritualité ou d'éducation, nous devons être capables de faire appel comme il convient aux qualités de *sattva*, *rajas* et *tamas*[15]. Servons-nous de notre mental, de ses facultés et de sa force, pour concentrer toute notre attention sur le but de la vie et progresser. Pour éviter l'égoïsme, faisons briller la lumière de la bonté dans notre cœur. Et de plus, exprimons cette bonté. Le motif de toutes nos actions devrait être le progrès holistique de la société et le bien-être de l'humanité. La croissance de tous inclut aussi la nôtre. C'est cela, le vrai progrès. Pour que cette idée s'ancre fermement dans notre esprit, nous avons besoin de discernement.

La jeunesse actuelle manque de discernement. Il ne suffit pas de répandre des informations pour éveiller chez autrui le discernement. Seul celui qui a foi en l'existence

---

[15] Selon des Écritures de l'hindouisme, la racine de l'univers matériel, qui inclut le mental humain, est triple : *sattva*, *rajas* et *tamas*. Dans ce contexte, elles représentent les forces de préservation, création et destruction.

d'une puissance, sous-jacente à l'univers, qui transcende le mental et l'intellect, peut acquérir du discernement. Cessons d'être orgueilleux et de croire qu'une vie fructueuse dépend de nos seuls efforts. Inclinons-nous devant l'énergie cosmique, et elle coulera à travers nous.

Si nous demandons à un chanteur ou à guitariste d'où vient sa musique, il répondra sans doute : « De mon cœur ». Mais si un chirurgien ouvre son cœur, y trouvera-t-il de la musique ? Non ! S'il déclare que la musique vient du bout de ses doigts ou de sa gorge, trouverait-on de la musique en ces endroits de son corps ? Non ! Alors d'où vient sa musique ? D'un endroit qui se trouve au-delà du corps et du mental. Ce lieu est la demeure de la pure conscience, c'est Dieu.

Les jeunes générations devraient s'efforcer de comprendre et de respecter cette puissance. Le système d'éducation moderne n'accorde aucune importance à l'acquisition de cette notion. Il faut faire prendre conscience aux jeunes de l'importance de l'amour, du service désintéressé, de l'humilité et, puisque la société a contribué à leur réussite, de la nécessité de lui apporter quelque chose en retour. Que l'on soit chef de famille, directeur de société ou dirigeant politique, la première chose à connaître, c'est soi-même. C'est cela, la vraie force. Il s'agit de connaître et d'accepter ses défauts, ses faiblesses et ses limites, pour essayer ensuite de les transcender. C'est ainsi que naît un vrai dirigeant.

Un dirigeant authentique est celui qui peut guider les autres sur la voie du *dharma*[16] en faisant preuve de confiance en soi, de sincérité et de conscience. Les jeunes actuels sont les dirigeants de demain ; il leur faut donc comprendre où gît la source de la force réelle. Pour attirer et influencer autrui, il faut qu'ils aient le cœur bon et qu'ils soient capables d'agir sans rien attendre.

La méditation et la spiritualité sont inséparables de la vie. Si nous désirons que nos pensées et nos actions soient claires et subtiles, il faut que nous soyons capables de méditer et que notre vision de la vie soit centrée sur la

---

[16] Un code de la conduite juste qui prend en compte l'harmonie du monde, de la société et de l'individu.

spiritualité, cela est capital. Séparer la vie de la spiritualité est signe d'ignorance. Si le corps a besoin de nourriture et de sommeil pour rester en bonne santé, le mental a besoin d'une vision spirituelle de la vie. Mais comment considérons-nous, aujourd'hui, la méditation et la spiritualité ?

Deux amis se rencontrent un jour dans la rue. L'un d'eux demande à l'autre comment il va.

« Très bien, merci » répond-il.

« Et votre fils, comment va-t-il ? Est-ce qu'il a trouvé du travail ? »

« Oh non, pas encore, mais il s'est mis à méditer. »

« La méditation, qu'est-ce que c'est ? »

« Euh, à vrai dire, je ne sais pas très bien, mais il paraît que cela vaut mieux que de ne rien faire. »

Ainsi, bien des gens pensent que la spiritualité est pour ceux qui n'ont rien de mieux à faire.

La spiritualité est le noyau de la culture indienne. Si nous assimilons correctement notre culture, nous verrons qu'elle contient les solutions à tous nos problèmes, aussi bien au niveau individuel que social. C'est pourquoi Swami Vivékananda exhortait toujours les jeunes à créer un lien de cœur avec leur pays et leur culture. En même temps, ils doivent apprendre à penser de manière indépendante et acquérir un esprit ouvert. Où qu'ils se trouvent, ils devraient avoir le courage d'accepter le bon et de rejeter le mauvais. C'est parce que Swami Vivékananda avait ces qualités qu'il a pu tirer fierté de son héritage indien tout en développant les qualités occidentales suivantes : une pensée progressiste et une action dynamique.

Le Védanta est le fondement de la vision universelle de l'Inde en matière de religion. Il considère les religions comme des voies qui mènent toutes au même but. Swami Vivékananda a prédit que les vérités du Védanta demeureraient, quels que soient les développements de la science, qu'elles surmonteraient tous les défis pour finalement devenir un point de vue universel.

La création divine est, par nature, diversifiée. Cet univers est trop complexe pour être expliqué par une seule religion ou une seule philosophie. Si nous désirons la paix, le contentement et le progrès, faisons tout notre possible pour faire adopter la voie de l'intégration harmonieuse. En vérité, cette intégration harmonieuse est l'esprit même du *sanatana dharma*[17], qui englobe tout.

Amma perçoit le monde comme une fleur. Chaque pétale représente une nation. Si un pétale est infesté de parasites, les autres en seront aussi affectés. La beauté de la fleur entière en souffrira. La responsabilité de protéger la fleur et d'en prendre soin incombe à chacun d'entre nous. Toutes les nations du monde devraient donc se donner la main pour avancer des concert, chacune apportant sa contribution, ses exemples, tout en adoptant ceux des autres.

En disant cela, l'image des routes en Occident vient à l'esprit d'Amma. Quand Amma voyage à l'étranger et voit les routes pavées, la propreté, la discipline et l'ordre qui y règnent,

---

[17] La vision très vaste du *Sanatana Dharma* réunit dans son cadre souple de nombreux points de vue différents à propos de l'univers.

elle souhaite voir la même chose en Inde. Si nos routes étaient meilleures, d'innombrables accidents pourraient être évités. Si nous observions le même degré de propreté, il serait plus facile de prévenir les épidémies et autres maladies. Si nous avions la même éthique du travail, la croissance de l'Inde et son développement iraient plus vite. Inversement, les pays occidentaux pourraient assimiler le riche patrimoine de l'Inde, en particulier sa sagesse.

Tout citoyen de l'Inde devrait toujours se rappeler que son héritage est incomparable. Ce qui éclaire le présent, ce sont les impressions créées en nous par nos pensées et par nos actions passées. Il s'agit d'adopter ce qu'il y a de bien dans les autres pays tout en continuant à aimer profondément notre pays et sa culture spirituelle. Quand Sri Rama[18], en route pour la forêt, arriva à la frontière du royaume d'Ayodhya, il prit une poignée de terre et dit : « Notre mère et notre patrie sont plus merveilleuses que le paradis. »

---

[18] Dans l'épopée indienne du *Rāmāyaṇa*, le seigneur Rama, une incarnation de Dieu, est exilé de son royaume pendant quatorze ans.

Au retour de sa première tournée aux États-Unis, quand Swami Vivékananda arriva à Chennai, on dit qu'il se roula sur le sable et déclara à travers ses larmes : « J'ai eu beau me rendre dans de nombreux pays, nulle part je n'ai trouvé une mère comparable à la mienne. » Quand il logeait dans des hôtels cinq étoiles, au lieu de dormir dans le lit luxueux, il s'allongeait sur le sol nu en pensant aux pauvres et aux affamés de l'Inde. Un tel amour et un tel respect pour notre pays et notre culture devraient nous servir d'exemple à tous, surtout aux jeunes. Rappelons-nous : « Le gruau de riz préparé par notre mère est plus savoureux que le pudding sucré de notre belle-mère[19]. »

A une époque où le matérialisme et l'accent qu'il met sur le plaisir rongeaient le trésor de la culture indienne, Swami Vivékananda surgit avec un pot d'*amritam*[20] transmis par la

---

[19] Le sens implicite de ces paroles est que les valeurs culturelles traditionnelles de notre pays d'origine, en définitive, nous nourrissent et nous satisfont mieux que le luxe et les plaisirs obtenus à l'étranger.
[20] Dans les légendes de l'Inde, les demi-dieux et les démons cherchaient à obtenir un nectar ambrosiaque

lignée des sages (*parampara*[21]). C'est pourquoi il réussit à accomplir tant de choses, en un laps de temps aussi court, aussi bien en Inde que dans le monde entier. Ses paroles insufflent à l'humanité la force et la confiance nécessaires pour affronter des montagnes d'obstacles, traverser des rivières de larmes et des déserts de difficultés.

Il acceptait le chagrin et la souffrance comme ses plus grands maîtres. Sa vie fut une flamme sacrée (*deepa stambam*) d'optimisme pour ceux qui s'enfonçaient dans le désespoir. Avant sa naissance, *sannyasa* signifiait le détachement[22] par rapport aux problèmes du monde. Swami Vivékananda ajouta à ce détachement absolu un objectif de service fondé sur la douceur de l'amour et le parfum de l'adoration.

---

qui accorde l'immortalité. Ici, Amma emploie ce mot pour symboliser les enseignements spirituels de l'Inde, qui mènent à la réalisation du Soi et à l'harmonie et à la prospérité dans la société.

[21] La lignée des sages qui nous ont transmis la sagesse de l'Inde depuis des temps immémoriaux.

[22] *Vairāgya*.

Avant de conclure, Amma voudrait encore exprimer quelques idées devant ses enfants :

1. Il n'est pas mauvais de croire que notre foi est juste. Nous devrions néanmoins accorder aux autres la même liberté que celle que nous revendiquons pour nous-mêmes. Car, lorsque nous imposons nos croyances religieuses aux autres, les religions, pourtant nées de l'amour, deviennent des causes d'effusions de sang. Ne laissons pas les religions, conçues comme des chants de paix, engendrer la discorde et la violence.

2. Avant l'institution du système d'éducation britannique, le système éducatif en vigueur en Inde était fondé sur la tradition des *gurukulas*[23]. A cette époque, il ne s'agissait pas d'un simple transfert de connaissances ayant trait au monde, effectué de cerveau à cerveau, mais d'un transfert de culture spirituelle, effectué de cœur à cœur. La connaissance et le respect du dharma étaient les deux faces de la médaille de l'éducation. Dès la naissance, les parents récitaient le nom de Dieu aux oreilles

---

[23] 'Mot à mot, "la famille du guru"

de leurs enfants. Ainsi, les enfants grandissaient en répétant le nom de Dieu.

Les enfants étaient ensuite envoyés par leurs parents dans une *gurukula*, où ils menaient la vie de *brahmacharis*[24] et étudiaient les Écritures[25] sous la houlette de leur guru. Ils apprenaient ce qu'est la vie, comment vivre et comment faire face aux situations. En conséquence, les enfants devenaient des adultes capables de réfléchir et de discerner le vrai du faux. Ils avaient un cœur de lion et étaient prêts à consacrer leur vie à la vérité. Cela faisait partie de leur éducation. La société moderne doit faire revivre cela en créant un système d'éducation enraciné dans les valeurs et la conscience spirituelle.

3. Créer une institution de *sannyasis* au service de la société était une idée de Bouddha que Swami Vivékananda a adoptée et adaptée aux besoins de son époque. Il y a cent ans, il

---

[24] Un élève : le premier des quatre stades de la vie traditionnelle hindoue.

[25] Dans les *gurukulas*, on enseignait aux enfants à la fois *parāvidya* et *aparāvidya*, la sagesse spirituelles et les sciences matérielles. Ces deux domaines font partie des Écritures, *śāstras*.

a déclaré que la pratique religieuse dont le monde avait besoin consistait à vénérer Dieu dans les pauvres, *daridra narayana puja*. Cela est encore vrai aujourd'hui. Lorsque la peste s'est déclarée à Calcutta, il a servi les malades avec la même dévotion qu'il avait mise à servir son guru, qu'il considérait comme une incarnation divine (*avatar*). Il était même prêt à vendre le Bélur Math[26], si nécessaire. Pour Swami Vivékananda, la vérité qui proclame que tout ce que nous voyons dans la création est le Créateur lui-même n'était pas un simple savoir intellectuel. C'était un flot continu d'énergie qui touchait son cœur, si bien que ses mains servaient le monde sans jamais prendre de repos.

4. Nos empreintes digitales, nos visages et nos yeux sont uniques. Tout ce qui est fabriqué dans le même moule, aiguilles, chaussures ou poupées, est identique.

Cependant, dans la création de Dieu,

---

[26] Situé prêt de Calcutta, le Bélur Math est l'ashram principal de l'ordre monastique créé par Swami Vivékananda et les autres disciples directs de Sri Ramakrishna Paramahamsa.

il n'existe pas deux brins d'herbes ni deux pétales de fleur identiques. Que dire alors des êtres humains ? Dieu a envoyé chacun de nous sur terre avec un talent spécifique et caché. Chacune de nos vies a un but qu'il nous appartient d'accomplir. Découvrir ce potentiel latent en nous est le but de la vie. C'est ainsi que la vie prend tout son sens et devient une joyeuse communion. La véritable éducation nous aide à y parvenir. Swami Vivékananda a clairement dit que l'éducation doit développer non seulement l'intellect, mais aussi le cœur. Une société serait mécanique et morte si tous ses membres étaient identiques. La beauté de la vie réside dans le partage de la diversité.

5. Il existe en chacun de nous une énergie infinie. Aujourd'hui, quatre-vingt dix pour cent des gens n'en ont pas conscience. Nous naissons dans la souffrance, grandissons dans la souffrance et mourons dans la souffrance. Nous avons besoin d'être guidés par un maître réalisé pour découvrir en nous les talents que Dieu nous a donnés et dont nous sommes actuellement complètement inconscients. Si un Swami Vivékananda a surgi de la communion

de Sri Ramakrishna et de Narendra[27] Le nom de Swami Vivékananda avant qu'il ne fasse le voeu de sannyasa, cela est entièrement dû à la gloire du guru.

6. Nous devons enseigner à nos enfants les valeurs et les principes fondamentaux de la religion. Cela devrait faire partie de leur éducation. Il est également crucial de leur faire prendre conscience du caractère salvateur de toutes les religions, sans insister sur leurs différences. C'est la seule manière de maintenir l'amour et le respect mutuels dans la société contemporaine, où la pluralité des identités religieuses est une réalité de plus en plus fréquente.

En outre, les valeurs inculquées dans notre système éducatif devraient permettre aux enfants de cultiver l'espoir et l'optimisme, quelles que soient les difficultés auxquelles ils seront confrontés. La vision universelle de Swami Vivékananda et la puissance de ses paroles font de ses écrits et de ses discours un outil pédagogique parfait pour les écoliers.

---

[27] Le nom de Swami Vivékananda avant qu'il ne fasse le voeu de sannyasa

7. La malédiction de notre culture, c'est l'ignorance de nos traditions et des principes fondamentaux de la spiritualité. Il faut que cela change. Amma a visité de nombreux pays dans le monde et a rencontré beaucoup de gens. Tous, même les aborigènes d'Australie, les peuples indigènes d'Afrique et d'Amérique, sont fiers de leur héritage et de leurs traditions. Mais ici en Inde, nombreux sont ceux qui ne comprennent pas notre héritage et qui n'en sont pas fiers. Il y en a même qui se moquent de notre culture. Pour espérer construire un gratte-ciel, il faut d'abord creuser des fondations solides. Ainsi, nous ne pourrons créer un présent et un avenir brillants qu'à condition de connaître nos ancêtres et notre héritage, et d'en être fiers. Il faut d'abord créer un environnement favorable. Cela exige que nous accordions une attention particulière aux affamés et aux illettrés. Il s'agit de descendre dans l'arène de la société et d'agir. Swami Vivékananda a aussi mis l'accent sur l'importance de l'éducation des femmes, sur le fait qu'il faut leur accorder la place qui leur revient au sein de la société. Bref, nous devons

être prêts à adapter notre attitude à l'évolution des temps, nous préparer mentalement à agir, puis avancer sur la voie tracée devant nous par Swami Vivékananda

Puisse cette institution faire connaître la vie et le message de Swami Vivékananda dans le monde entier et réaliser les projets qu'il avait lancés. Amma prie pour que cette institution devienne une bénédiction pour le monde entier et pour que les efforts des « enfants » d'Amma portent leurs fruits.

| | oṁ lokāḥ samasthāḥ sukhino bhavantu | |

> Puissent tous les êtres dans tous
> les mondes être heureux.

www.ingramcontent.com/pod-product-compliance
Lightning Source LLC
Chambersburg PA
CBHW070440080426
42450CB00032B/3223